www.ingramcontent.com/pod-product-compliance
Lightning Source LLC
Chambersburg PA
CBHW080551220526
45466CB00010B/3107
* 9 7 8 1 6 8 8 6 7 8 3 7 8 *